개미나라 경제툰 ②

개미나라 경제툰 2

초판 1쇄 발행 2024년 6월 20일
초판 2쇄 발행 2024년 8월 30일

지은이 무선헤드셋

펴낸이 조기흠
총괄 이수동 / **책임편집** 최진 / **기획편집** 박의성, 김혜성, 유지윤, 이지은, 박소현
마케팅 박태규, 홍태형, 임은희, 김예인, 김선영 / **제작** 박성우, 김정우
디자인 이슬기

펴낸곳 한빛비즈(주) / **주소** 서울시 서대문구 연희로2길 62 4층
전화 02-325-5506 / **팩스** 02-326-1566
등록 2008년 1월 14일 제25100-2017-000062호

ISBN 979-11-5784-747-1 03320

이 책에 대한 의견이나 오탈자 및 잘못된 내용은 출판사 홈페이지나 아래 이메일로 알려주십시오.
파본은 구매처에서 교환하실 수 있습니다. 책값은 뒤표지에 표시되어 있습니다.

🏠 hanbitbiz.com ✉ hanbitbiz@hanbit.co.kr 📘 facebook.com/hanbitbiz
📝 post.naver.com/hanbit_biz ▶ youtube.com/한빛비즈 📷 instagram.com/hanbitbiz

Published by Hanbit Biz, Inc. Printed in Korea
Copyright ⓒ 2024 무선헤드셋 & Hanbit Biz, Inc.
이 책의 저작권은 무선헤드셋과 한빛비즈(주)에 있습니다.
저작권법에 의해 보호를 받는 저작물이므로 무단 복제 및 무단 전재를 금합니다.

지금 하지 않으면 할 수 없는 일이 있습니다.
책으로 펴내고 싶은 아이디어나 원고를 메일(hanbitbiz@hanbit.co.kr)로 보내주세요.
한빛비즈는 여러분의 소중한 경험과 지식을 기다리고 있습니다.

개미나라 경제툰 ❷

만화로 보는 금융위기의 역사

무선헤드셋 글·그림

한빛비즈

Contents

Prologue (6)

1화	자판기 안의 보물 : 지하자원 이야기 ①	(9)
2화	이제는 우리끼리 할게요 : 지하자원 이야기 ②	(17)
3화	위기는 곧 기회 : 지하자원 이야기 ③	(25)
4화	투자 시장을 키워라 : 검은 월요일 ①	(35)
5화	주식시장 안전장치의 비밀 : 검은 월요일 ②	(43)
6화	일본 말고 일본왕개미 이야기: 일본왕개미 왕국 버블 대소동 ①	(53)
7화	터질 것만 같던 시대는 어디로 : 일본왕개미 왕국 버블 대소동 ②	(61)
8화	터질 것이 터졌다 : 일본왕개미 왕국 버블 대소동 ③	(69)
9화	국내에 외국 돈이 꼭 있어야 하는 이유 : 외환위기의 공포 ①	(79)
10화	억울한 부분도 없지 않아 : 외환위기의 공포 ②	(87)
11화	진짜 속상하기 짝이 없는 흐름 : 외환위기의 공포 ③	(95)
12화	아니, 이런 획기적인 신기술이? : 인터넷 버블 ①	(105)
13화	나비 왕국은 부활할 수 있을까? : 인터넷 버블 ②	(113)

14화	예상 그대로의 결말 : 인터넷 버블 ③	(121)
15화	부동산은 좋은 거야 : 부동산 대침체 ①	(131)
16화	새로운 사업 아이템? : 부동산 대침체 ②	(139)
17화	악랄해져 가는 수법 : 부동산 대침체 ③	(147)
18화	무분별한 비도덕적 작태 : 부동산 대침체 ④	(155)
19화	아니, 그게 망할 수가 있나 : 부동산 대침체 ⑤	(163)
20화	슬슬 무너질 시간 : 부동산 대침체 ⑥	(171)
21화	이게 어떻게 무너져? : 부동산 대침체 ⑦	(179)
22화	어떻게든 AIGG는 지켜야 한다 : 부동산 대침체 ⑧	(187)
23화	일단락된 대소동 : 부동산 대침체 ⑨	(195)
24화	돈이 없으면 찍으면 되지 : 초하이퍼인플레이션 ①	(205)
25화	멍청한 경제 정책 : 초하이퍼인플레이션 ②	(213)
26화	0은 돌아오는 거야 : 초하이퍼인플레이션 ③	(221)
27화	부자들의 탐욕은 죄악 : 스탑게임 ①	(231)
28화	사라, 그리고 팔지 마라 : 스탑게임 ②	(239)
29화	돈 굴리는 놈만 속상해 : 스탑게임 ③	(247)
30화	그래서 누가 이겼어? : 스탑게임 ④	(255)

Epilogue (264) 참고문헌 (268)

Prologue

1화
자판기 안의 보물
: 지하자원 이야기 ①

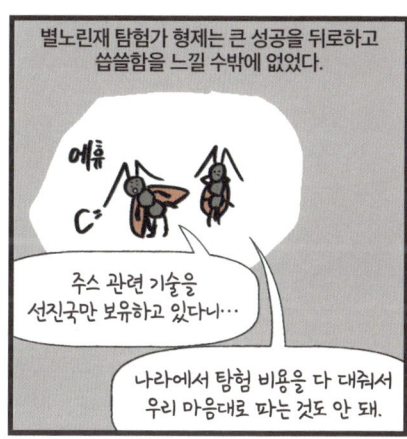

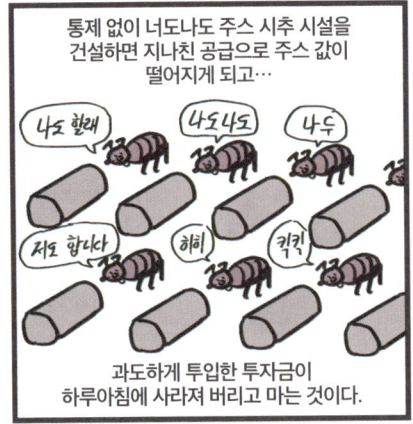

2화
이제는 우리끼리 할게요
: 지하자원 이야기 ②

3화

위기는 곧 기회
: 지하자원 이야기 ③

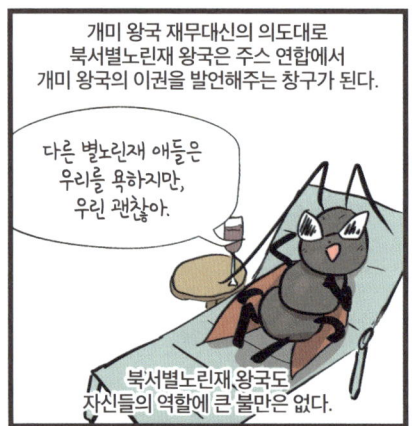

*기축통화: 금융거래 또는 국제 간 결제의 기본이 되는 통화.

잠깐상식

- **오일쇼크의 교훈**

  '오일쇼크(석유파동)'는 보통 1970년대에 발생한 사건을 지칭합니다. 1973년의 제1차 오일쇼크는 아랍 산유국의 석유 무기화 정책 때문에 발생했고, 1979년의 제2차 오일쇼크는 이란 혁명에 의한 정치적 불안정 때문에 석유 공급이 부족해지고 가격이 폭등하면서 발생했습니다.

  두 차례의 오일쇼크를 거치면서 중동 국가들은 자신들의 무게감을 증명했습니다. 또 세계적으로 좀 더 효율적인 경제 정책이 필요함을 느끼게 만들었지요. 서방의 경제 선진국들 사이에서는 기존의 자본주의 질서를 지켜내기 위해 필요에 따라 뭉치는 분위기가 형성되기도 했습니다.

  오일쇼크 이후 세계 경제는 이른바 '불안정의 시대'로 접어들었습니다. 유동적인 자본 흐름에 크게 의존하는 시대가 된 것이지요. 유동성 위기는 지금까지도 세계의 큰 화두입니다.

- **오일쇼크 이전의 원자재 싸움**

  역사를 뒤져 보면 오일쇼크처럼 원자재 공급이 축소되는 일은 생각보다 종종 있었습니다. 화약과 비료의 원재료인 초석의 경우, 이를 두고 전쟁이 일어나기도 했지요. 합성고무가 발명되기 전까지는 천연고무가 생산되는 열대 지방의 땅을 두고 식민지 다툼이 벌어진 적도 있습니다.

- **셰일가스의 등장?!**

  셰일가스는 단단한 암석층 아래 묻혀 있는 경우가 많아 채굴 기술이 부족한 옛날에는 외면받았습니다. 물과 모래, 화학 약품을 섞어 분사하는 수압파쇄법이 발견되면서 본격적으로 개발이 시작됐지요. 셰일가스 채굴이 시작되면서 미국은 세계 석유 매장량 1등으로 올라섭니다.

  OPEC(석유수출국기구)이 유가 안정을 위해 셰일가스의 생산량을 의도적으로 줄이긴 했지만, 옛날만큼 효과가 있진 않을 것 같습니다. 그러나 셰일가스 채굴 비용이 상당히 비싸기 때문에 여전히 OPEC의 영향력은 무시할 수 없습니다.

개미나라 경제툰 ②

4화
투자 시장을 키워라
: 검은 월요일 ①

*스태그플레이션: 스태그네이션+인플레이션. 경기 침체와 물가 상승이 동시에 일어나는 상태.

5화

주식시장 안전장치의 비밀

: 검은 월요일 ②

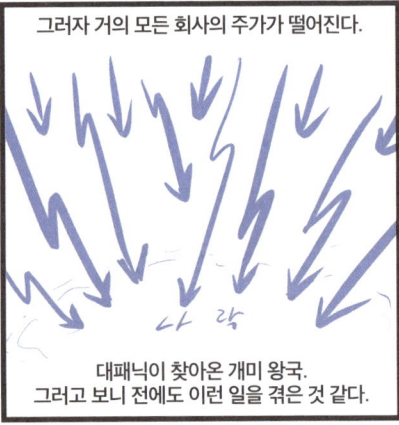

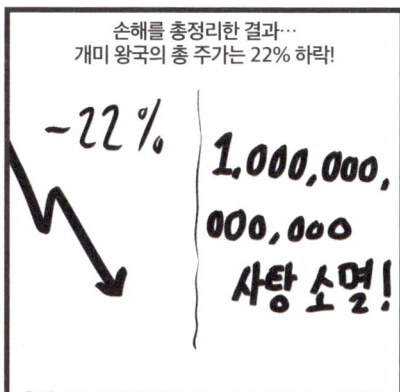

잠깐상식

- **검은 목요일**

    '검은 목요일'이라고 불리는 월스트리트 대폭락은 호황 시기 직후에 일어났습니다. 미국의 1920년대는 철강 생산, 건물 건설, 자동차 판매 등이 기록을 경신하며 분위기가 매우 좋았지요. 그래서 수십만 명의 미국인이 큰 액수의 대출까지 받으며 주식에 투자했습니다. 주식이 더 오를 거라 기대하는 투자자가 계속해서 몰려들었지요.

    1929년 3월 연방준비제도이사회가 과도한 투기 분위기를 지적하자 주식을 매도하는 사람이 조금씩 늘기 시작했고, 불안정하게 상승세를 이어 갔습니다. 그러다 10월 중순부터 매도하는 사람이 폭발적으로 늘었죠. 10월 24일, 주식값은 하루 만에 절반이나 떨어집니다. 주식값은 계속 떨어져 주식은 휴지 조각이 됐으며, 수많은 회사가 문을 닫았고, 망한 회사에 돈을 빌려 준 은행도 돈을 돌려받지 못해 문을 닫았습니다. 이때 상장 종목의 시가총액이 89%나 감소했고, 은행이 6,000개나 파산했습니다.

- **검은 월요일**

    '블랙 먼데이'는 뉴욕의 주가 대폭락이 있었던 1987년 10월 19일을 지칭합니다. 같은 해 8월만 해도 주가가 수직 상승하면서 분위기가 좋았습니다. 아무도 대폭락을 예상하지 못했지요. 그런데 10월 19일 하루 동안 다우존스 평균 주가가 전일 대비 23%나 떨어지면서 엄청난 폭락을 기록합니다. (이때 발생한 미국 증시 사상 최대의 낙폭은 서킷브레이커 제도를 도입하게 만들었지요.)

    팔려고 내놓은 주식이 산처럼 쌓였고, 재정 파탄으로 자살하는 투자자도 있었습니다. 이 파동은 일본과 영국, 홍콩 등에까지 이어져 전 세계적으로 1조 7천억 달러 넘는 증권투자 손실이 발생했습니다. 전문가들은 당시 폭락의 원인을 미국의 재정 적자, 국제수지 적자, 높은 주가, 금리 상승의 불안감 등 여러 요인의 결합으로 보고 있습니다.

- **'서킷브레이커'란?**

    서킷브레이커(circuit breakers)는 주식 시장에 적용되는 안전장치입니다. 갑작스럽게 가격이 폭락(전날 종가의 10% 이상)한 상태가 1분 이상 지속되면 발동됩니다. 20분 정도 주식 거래가 정지되고, 다시 장이 재개되죠. 잠시 커피 한잔 마시면서 마음을 가라앉히라는 겁니다.

6화

일본 말고 일본왕개미 이야기
: 일본왕개미 왕국 버블 대소동 ①

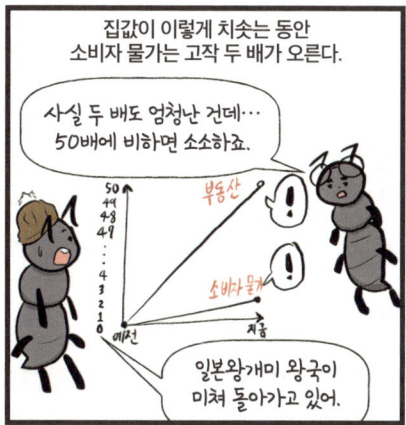

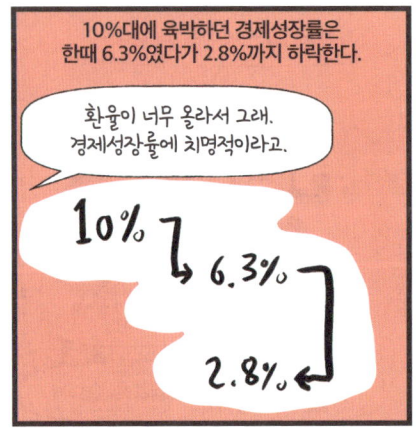

7화
터질 것만 같던 시대는 어디로
: 일본왕개미 왕국 버블 대소동 ②

8화
터질 것이 터졌다
: 일본왕개미 왕국 버블 대소동 ③

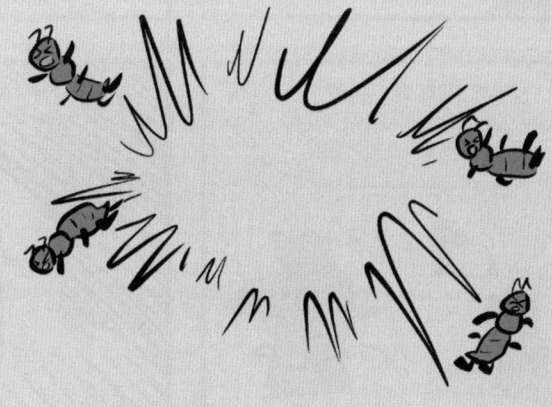

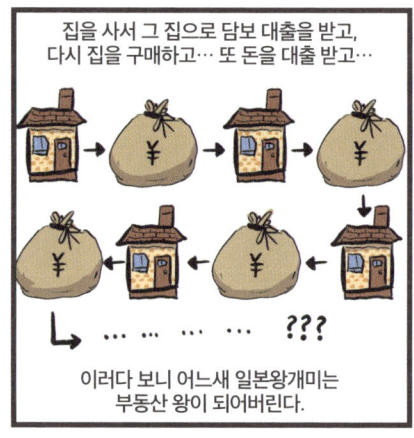

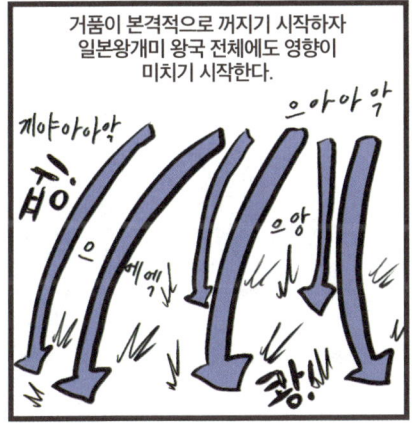

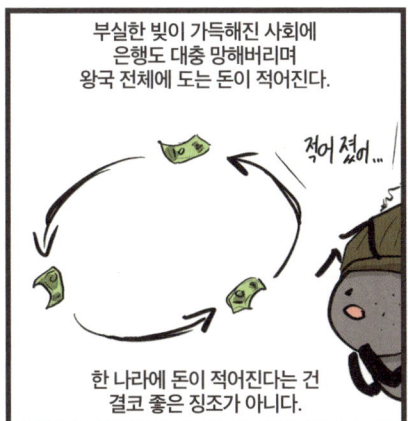

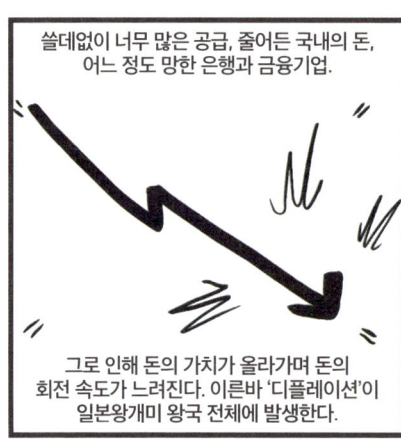

잠깐상식

● **플라자 합의**

1980년대 독일과 일본은 미국을 상대로 한 무역에서 쏠쏠한 흑자를 보고 있었습니다. 지나치게 가치가 높은 달러에 비해 가치가 낮았던 엔화, 마르크화 덕이었죠. 이에 위협을 느낀 미국은 자국 수출 성장을 위해 1985년에 각 나라의 재무장관을 불러 환율을 조정했습니다. 다른 나라의 통화 가치를 높여 환율을 조정하기로 한 것이죠.

● **잃어버린 10년**

플라자 합의의 결정은 일본에 충격으로 다가왔습니다. 엔화 가치가 크게 상승했고, 물건값이 비싸지니 수출 경쟁력은 나빠졌습니다. 일본 경제가 침체되기 시작했지요. 일본은 금리를 내리고 부동산을 장려해 경제를 활성화시키고자 했습니다.

그러자 개인과 기업들이 마구잡이로 대출을 받아 부동산과 주식을 사들였습니다. 미친 듯이 가격이 폭등했지요. 1990년 고민 끝에 일본 정부는 주택담보 대출에 제한을 두기 시작합니다. 그러자 이번에는 주가와 부동산 가격이 폭락합니다. 거품 경제가 깨진 것이지요.

대출금을 못 갚는 개인과 기업이 늘면서 실업이 이어지고 불경기에 지갑이 닫히면서 경기는 더 악화됐습니다. 일할 수 있는 젊은이까지 줄면서 경제 성장률은 제로가 됩니다. 이 10년의 침체기를 '잃어버린 10년'이라고 부르지요.

● **독일은?**

독일은 통일에 따른 비용 지불, 철강 산업의 몰락 등 일본과 비슷한 위기를 겪었습니다. 다행히 유럽연합이 탄생하고 유로화를 사용할 수 있게 되면서 활로를 찾았다고 합니다.

개미나라 경제툰 ❷

9화

국내에 외국 돈이 꼭 있어야 하는 이유
: 외환위기의 공포 ①

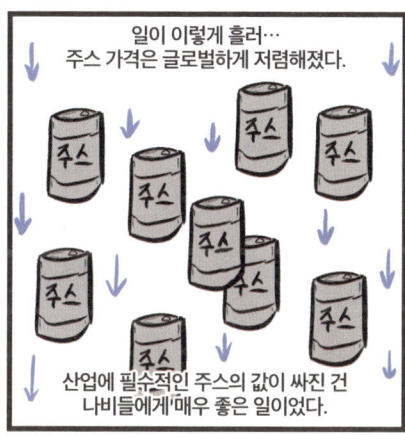

10화

억울한 부분도 없지 않아
: 외환위기의 공포 ②

11화
진짜 속상하기 짝이 없는 흐름
: 외환위기의 공포 ③

잠|깐|상|식

- **외환 위기**

    '외환 위기'는 외환(달러)이 부족해 국가가 큰 어려움을 겪는 것을 말합니다. 기업 경영과 금융 전반이 부실해 국가의 외환보유고가 줄어들어 생기는 일이지요. 외환 보유고가 줄면 대외 신뢰도가 떨어지고, 환율을 높이라는 압력이 늘어납니다. 외국 자본은 빠져나가고, 화폐 가치의 폭락으로 금융기관이 파산하고, 기업이 도산하면서 실업자가 급증하고… 악순환이 이어지지요.
    외환 위기 극복 방법은 크게 두 가지입니다. IMF(국제통화기금)의 구제 금융을 받거나 금융과 기업, 노동의 경제 주체들이 단호하게 개혁하는 것이지요. 우리나라는 금융기관 부실과 방만한 기업 경영으로 1997년 외환 위기를 맞았습니다. 그리고 그해 11월에 IMF에 구제 금융을 신청해 일단 고비를 넘겼습니다.

- **사실 외환 위기는 아시아 전체에서?**

    많은 사람들이 우리나라만 외환 위기를 겪었다고 생각하지만, 실은 그렇지 않습니다. 당시 외환 위기는 동남아에서 시작되어 아시아 전체가 겪은 글로벌한 위기였습니다. 상당한 대형 사태였지요.

- **마냥 내 탓은 아냐**

    즉, 외환 위기는 비슷한 경제 시스템으로 돌아가던 국가 대다수가 겪은 일입니다. 수출을 위주로 해 공격적인 투자를 감행하는 나라가 모두 피해자였죠. 잘 작동될 때는 많은 투자를 끌어 모아 고성장을 유지할 수 있지만, 갑자기 자본이 빠져나가는 일이 생기면 미처 대처하지 못해 넘어질 수밖에 없게 되는 것입니다.

개미나라 경제툰 ②

12화

아니, 이런 획기적인 신기술이?
: 인터넷 버블 ①

13화

나비 왕국은
부활할 수 있을까?
: 인터넷 버블 ②

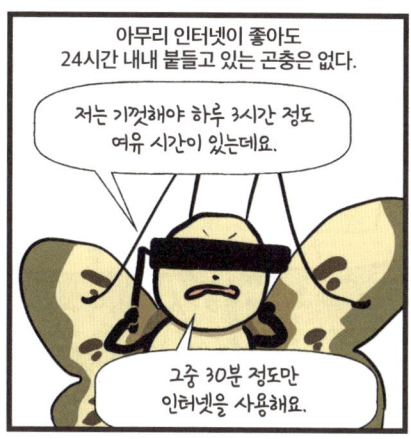

14화
예상 그대로의 결말
: 인터넷 버블 ③

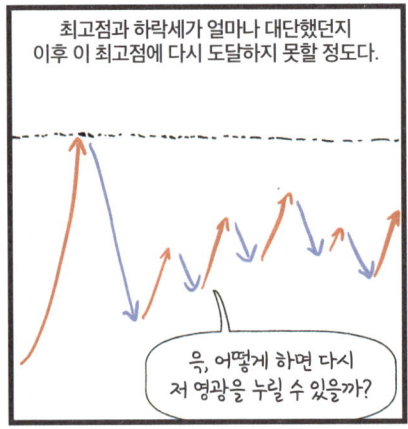

잠깐상식

● **닷컴 버블**

'닷컴버블'은 대표적인 거품 경제 현상입니다. 1995년부터 2000년 사이에 세계 여러 국가에서 발생한 광적 투기였지요. 'IT 버블' '인터넷 버블'이라고도 불립니다. 인터넷의 폭발적 성장으로 호재가 쏟아지자 주로 벤처 기업들이 주목 받으면서 주식 시장에 사람들이 몰려들었습니다. 앉아서 뉴스와 영화, 책도 보고 영상으로 대화를 나눌 수 있다? 꿈의 기술로 여겨졌지요.

모두 이 분야 사업에 뛰어들면서 관련 주가가 폭등했습니다. 좋은 분위기가 좀처럼 꺼지지 않을 것 같았죠. 그러나 비싼 요금, 낮은 수준의 인터넷 서비스 등 실체가 드러나면서 주가가 폭락하고 수많은 벤처 기업이 파산했습니다. 아직 과도기였던 인터넷 기술에 너무 많은 서비스를 융합하려고 하다 보니, 기반도 없이 시대만 앞서가는 형국이 되었던 겁니다.

● **겨우 살았어**

닷컴 버블 당시 미국뿐만 아니라 세계가 잠시 휘청거렸습니다. 주가 지수가 최고치에서 78%나 폭락했다고 하지요. 특히 충격이 심했던 나라는 미국과 우리나라, 독일이었습니다. 시간이 흘러 미국 나스닥과 우리나라 코스닥은 겨우 구렁텅이를 벗어났고, 아마존 같은 일부 기업이 살아남기도 했지요. 하지만 독일의 경우 2003년에 아예 시장과 지수 자체가 사라졌습니다. 닷컴 버블의 결과로 제조업과 금융산업이 다시 주목받는 분위기가 되었다고 합니다.

● **닷컴 버블과 메타버스**

이름을 '메타'로 바꾸며 메타버스에 노력을 기울인 페이스북. 하지만 하루 만에 시가총액 277조 원이 증발하는 사태가 발생하는 등 메타버스에도 거품이 있다는 사실이 슬슬 드러났죠. 어찌 보면 이는 '닷컴 버블'과 비슷합니다. 아직 시기상조인 기술에 너무 많은 사람들의 기대가 모이며 생긴 거품이라는 점에서요.

15화

부동산은 좋은 거야
: 부동산 대침체 ①

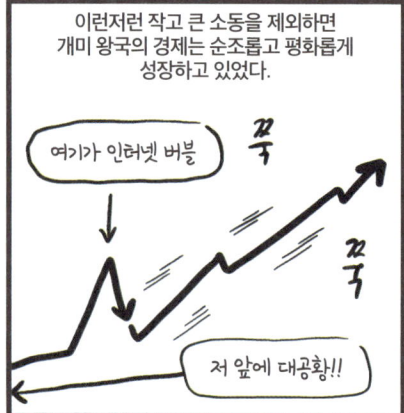

16화 새로운 사업 아이템? : 부동산 대침체 ②

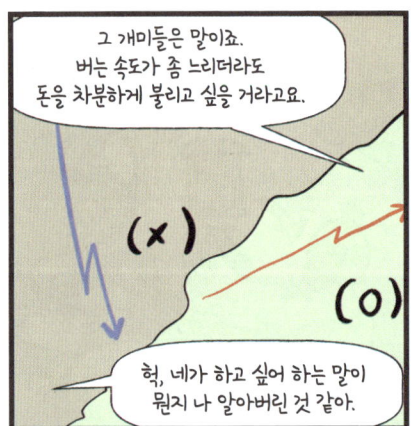

17화

악랄해져 가는 수법
: 부동산 대침체 ③

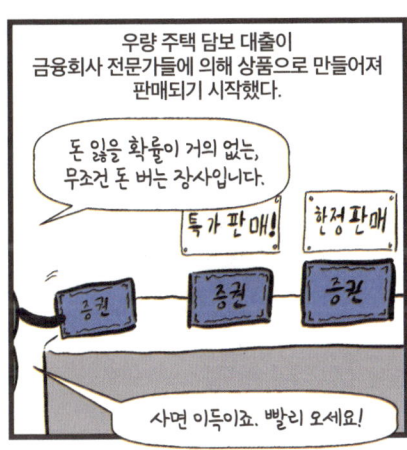

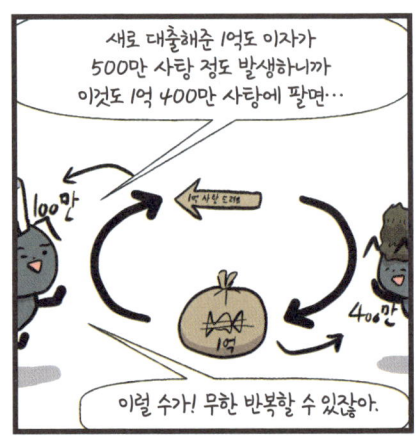

18화

무분별한 비도덕적 작태
: 부동산 대침체 ④

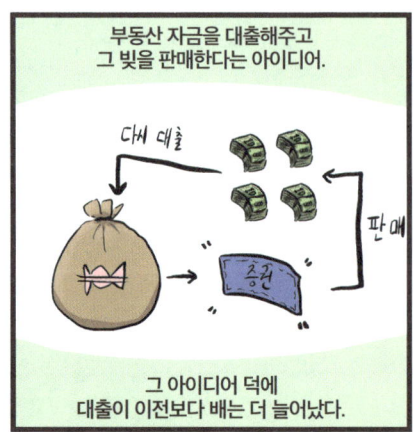

19화

아니, 그게 망할 수가 있나
: 부동산 대침체 ⑤

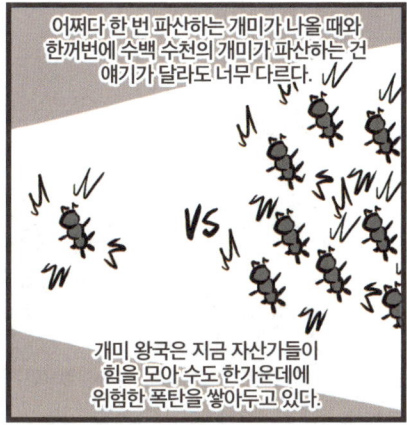

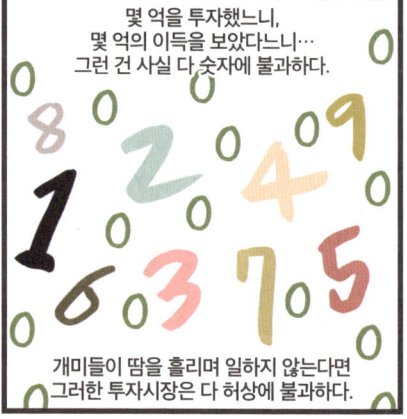

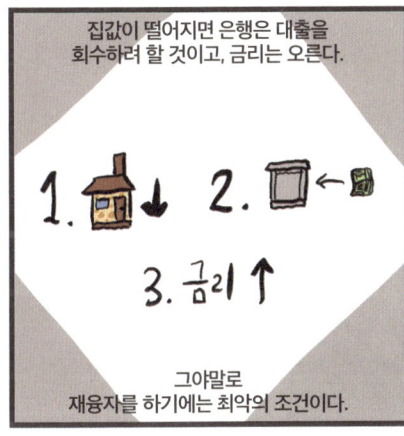

20화
슬슬 무너질 시간
:부동산 대침체 ⑥

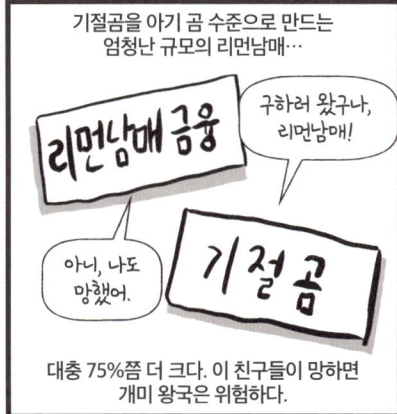

21화

이게 어떻게 무너져?
:부동산 대침체 ⑦

22화

어떻게든 AIGG는 지켜야 한다
: 부동산 대침체 ⑧

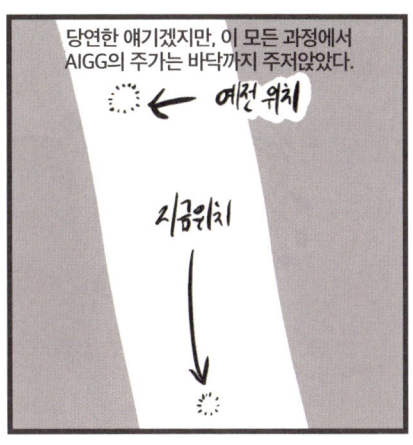

23화

일단락된 대소통
: 부동산 대침체 ⑨

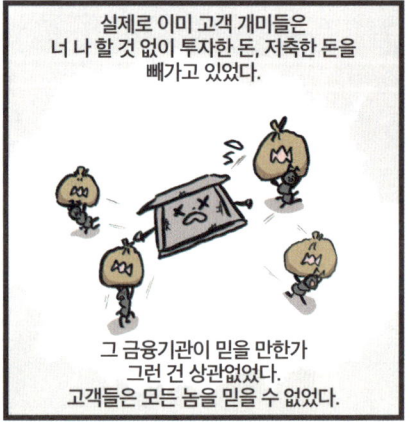

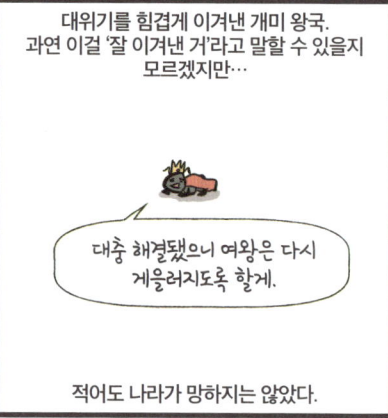

잠깐상식

- **2008년의 경제위기**

    2008년 경제위기(금융위기)는 현대 역사상 가장 심각한 경제 침체 중 하나였습니다. 신용 이력이 좋지 않은 사람들에게 고위험 대출(서브프라임 모기지)을 무분별하게 내주면서 시작됐지요. 은행 같은 금융기관들은 이러한 고위험 상품을 증권으로 포장해 투자자에게 판매했습니다. 증권화된 후 높은 신용 등급을 받았으니, 투자자들은 안전하다고 믿었고요.

    그러나 주택 시장이 침체되면서 기초자산(외환, 채권, 농축산물, 제조품 등 사고팔 수 있는 모든 자산)의 가치가 하락하자 증권도 가치를 잃었습니다. 투자자들은 막대한 손실을 입었죠. 돈을 못 갚는 사람이 속출하고, 재산을 압류당하는 상황까지 벌어지면서 주택 시장과 금융 시스템은 더 악화됐습니다.

    고위험 대출이 줄면서 상황이 좀 나아지나 했는데, 2008년 9월 세계 최대 투자은행 중 하나인 리먼브라더스가 파산을 선언해 위기는 최고조에 달했습니다. 2008년 말까지 미국의 200만 명 이상이 일자리를 잃었지요. 세계 경제도 타격을 받아 많은 나라가 경기 후퇴에 빠졌습니다.

- **경제위기에서 빠져 나오기 힘든 이유**

    왜 위기에 빠진 나라들은 쉽게 이를 극복하지 못할까요? 성장이 정체되거나 역행하게 되면 정부의 세금 수입이 줄어듭니다. 경제가 어려워지면 국민의 삶이 힘들어지고, 그로 인해 복지나 보험으로 인한 정부 지출이 늘어납니다. 정부 주도의 과감한 경제 정책이 어려워지는 것이죠.

- **그런데 미국은 잘 빠져 나온 이유**

    미국은 2008년 경제위기를 맞고도 이를 쉽게 이겨냈습니다. 전 세계가 언제나 원하는 것, 달러를 미국이 쥐고 있었기 때문이죠. 쉽게 말하면, 세계 1위의 부잣집이었기 때문입니다.

    하지만 다른 나라들은 그러지 못했습니다. 대표적으로 유럽 국가들이 그랬습니다. 유럽연합은 유로화 체제에 묶여 있기 때문에 고정 환율을 유지해야 하죠. 그래서 자국 통화의 가치를 일부러 낮추는 방식으로 수출 경쟁력을 높이는 작전이 불가능합니다.

24화

돈이 없으면 찍으면 되지
: 초하이퍼인플레이션 ①

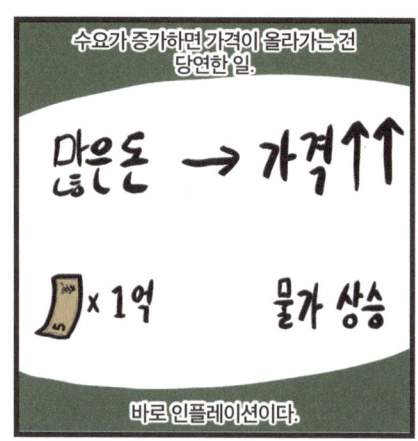

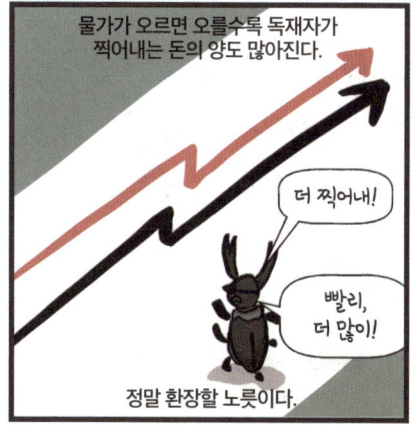

25화

멍청한 경제 정책
: 초하이퍼인플레이션 ②

 ← 바보

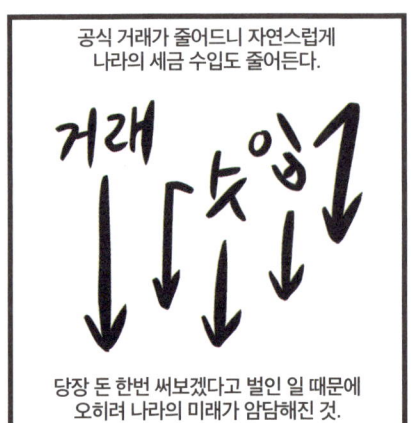

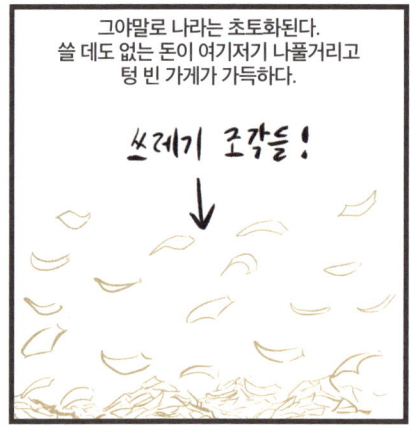

26화

0은 돌아오는 거야
: 초하이퍼인플레이션 ③

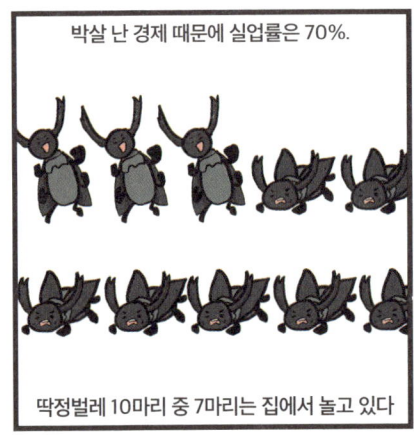

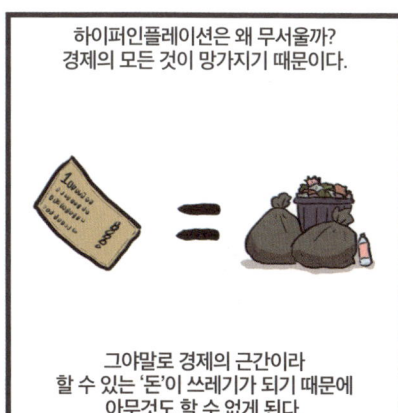

잠깐상식

● **하이퍼인플레이션은 왜?**
하이퍼인플레이션은 한마디로 '물가 상승이 통제를 벗어난 상태'를 의미합니다. 경제학자들은 월 인플레이션율이 50%를 초과하면 하이퍼인플레이션(초인플레이션)이라고 부릅니다. 보통 하이퍼인플레이션은 전쟁이나 경제불안이 계속되어 국가재정이 어려울 때 정부나 중앙은행이 과도하게 통화량을 늘리면서 발생합니다. 하지만 단순히 통화량이 늘어났다고 해서 발생하는 것은 아닙니다. 통화량이 늘어 화폐 가치가 떨어지고, 경제성장률이 하락하고, 국가 신뢰도마저 떨어지면 이 모든 요소의 결합으로 단순 인플레이션이 하이퍼인플레이션으로 바뀔 수 있습니다. 똑같은 하이퍼인플레이션이라도 나라마다 사정이 조금씩 다르다고 볼 수 있지요.

● **독일의 하이퍼인플레이션**
제1차 세계대전 후 독일에서 발생한 하이퍼인플레이션은 말 그대로 역사에 남을 만한 수치를 기록했습니다. 몇 년 동안 물가가 자그마치 1조 배 상승했다고 하죠. 제1차 세계대전의 패전 후에 승전국들이 감당하기 힘든 전쟁 배상금을 요구했기 때문입니다. 1923년 기준으로 빵 1파운드의 가격은 30억 마르크, 소고기 1파운드는 360억 마르크였다고 합니다. 이런 고물가 탓에 무려 1조 마르크짜리 지폐가 발행되었다고 해요.

● **베네수엘라의 하이퍼인플레이션**
베네수엘라는 비교적 최근에 발생한 하이퍼인플레이션으로 유명합니다. 말도 안 되는 화폐 정책, 서방 국가들의 경제 제재 그리고 가격 통제, 정권의 부정부패로 물가가 끝을 모르고 치솟았는데요. 물가상승률은 2013년 40.7%에서 시작해 2018년에는 평균 65,000%, 2018년의 전체적인 물가 상승률은 무려 130,000%에 달했다고 합니다.

27화

부자들의 탐욕은 죄악
:스탑게임 ①

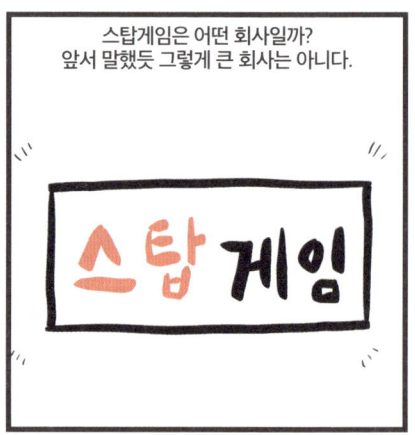

28화
사라, 그리고 팔지 마라
:스탑게임 ②

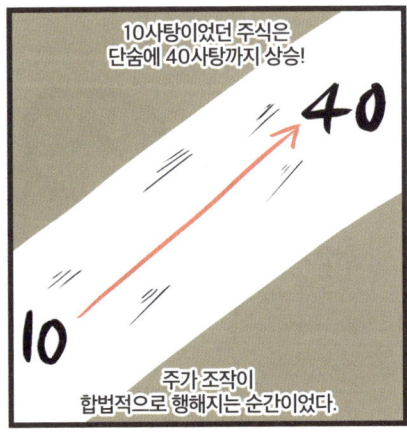

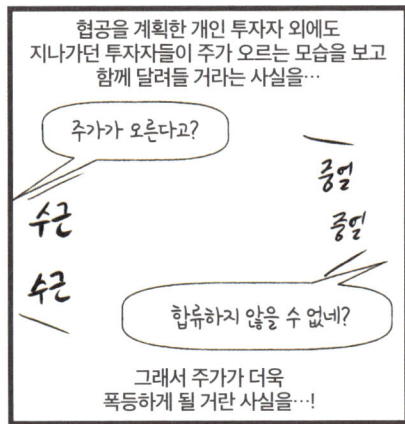
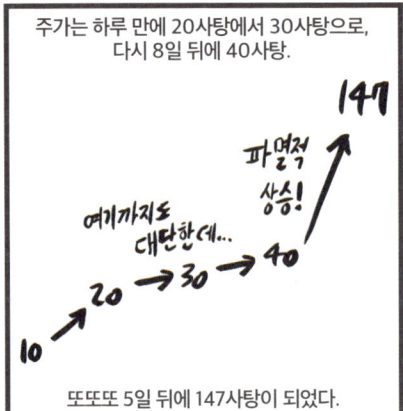

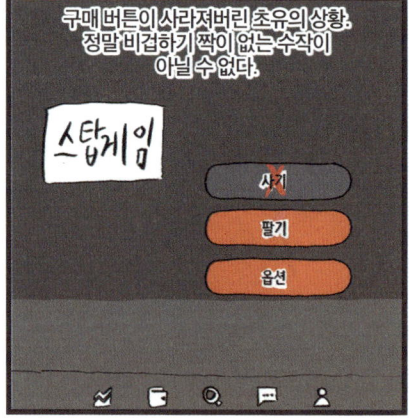

29화
돈 굴리는 놈만 속상해
: 스탑게임 ③

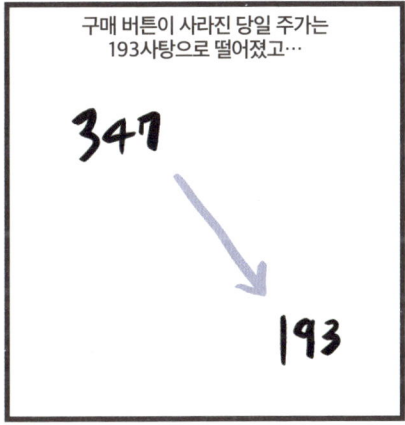

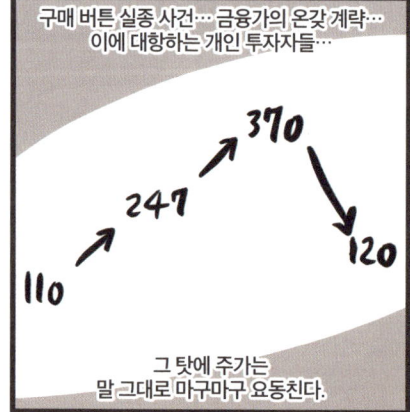

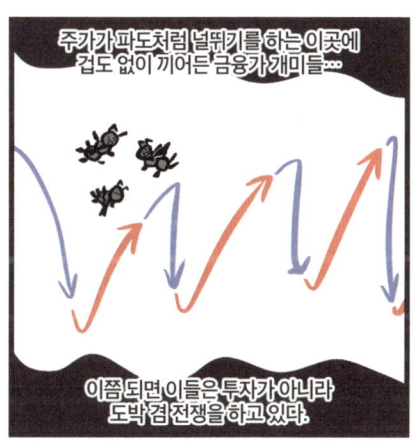

*공매도를 한 투자자가 주가가 오를 것으로 예상되면 손실을 줄이기 위해 다시 그 주식을 사들이는 것.

30화
그래서 누가 이겼어?
:스탑게임 ④

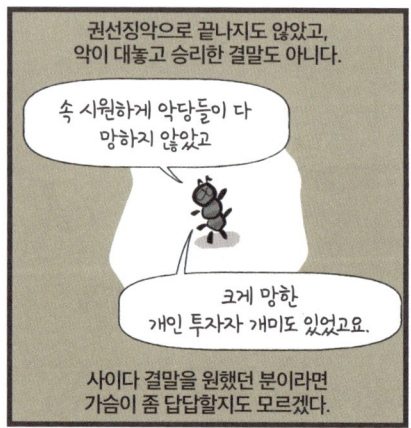

잠깐상식

- **게임스탑 사태의 시작**

  게임 시장이 온라인 중심으로 옮겨가자, 주로 오프라인에서 게임을 유통하던 게임스탑은 힘을 잃어가고 있었습니다. 그러나 능력 있는 인물의 이사회 합류 소식이 들리면서 주가가 상승하게 되었는데요. 당시 공매도 세력은 그러한 주가가 고평가됐다고 생각했습니다. 그래서 공개적으로 이를 소문내며 도발하고 결국 공매도를 걸게 되는데… 그야말로 최악의 판단이었지요. 인터넷 커뮤니티 레딧(Reddit)의 개인 투자자들은 반감을 가진 채로 이 공매도 세력에 대항하기로 결심합니다.

- **공매도 전문가**

  공매도 전문 헤지펀드인 '시트론 리서치(Citron Research)'의 대표 앤드루 레프트는 목표로 잡은 회사의 문제점을 공개적으로 지적한 뒤 주가 하락에 베팅하는 방식으로 큰 수익 내기를 즐겼는데요. 게임스탑 사태에 관여했던 그는 위기에 빠지자 레딧의 토론방 개설자에게 '도와 달라고' 전화를 걸었다고 합니다. 당시 비슷한 위기에 처했던 헤지펀드 '멜빈캐피털'의 운용 자산이 한 달 만에 125억 달러에서 80억 달러로 급감했다고 하니, 그 절박함이 이해가 되네요.

- **공매도 세력의 정체는?**

  최근 미국 정부는 공매도에 나선 투자자의 인적사항과 공매도 규모를 인터넷에 공개하기로 했습니다. 게임스탑 사태 등을 겪으면서 전 세계적으로 공매도에 대한 사회적 관심이 높아졌기 때문입니다. 우리나라는 일찍부터 공매도 투자자의 공시 및 보고 규정을 갖추고 있습니다. 공매도 과열 종목 지정 역시 우리나라에만 있는 제도이지요. 개인 투자자들의 목소리가 많이 반영되어 이처럼 우리나라는 다른 나라에 비해 공매도 규제가 강한 편이지만, 실제로 개인 투자자가 공매도 규모나 실체를 파악하기는 여전히 어렵다고 합니다.

Epilogue

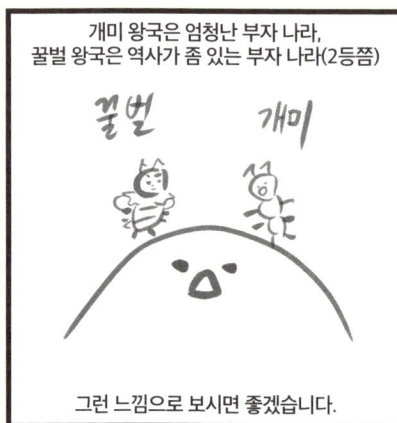

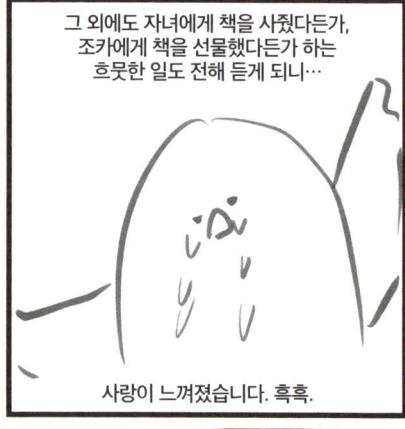

참고문헌

단행본

그레고리 맨큐, 김경환·김종석 옮김, 《맨큐의 경제학》, 센게이지러닝, 2021.
로버트 L. 하일브로너 외, 홍기빈 옮김, 《자본주의 어디서 와서 어디로 가는가》,
　　미지북스, 2016.
리오 휴버먼, 장상환 옮김, 《자본주의 역사 바로 알기》, 책벌레, 2000.
민경국, 《경제사상사 여행》, 21세기북스, 2014.
벤 버냉키 외, 마경환 옮김, 《위기의 징조들》, 이레미디어, 2021.
찰스 P. 킨들버거 외, 김홍식 옮김, 《광기, 패닉, 붕괴 금융위기의 역사》, 굿모닝북스, 2006.
최용식, 《경제병리학》, 새빛, 2024.